HISTOIRE

DES

QUINZE SEMAINES.

HISTOIRE

DES

QUINZE SEMAINES.

A PARIS,

Chez LONGCHAMPS, Libraire, rue du Cimetière-Saint-André-des-Arts, N°. 3.

IMPRIMERIE DE MOREAUX, RUE SAINT-HONORÉ, N°. 315.

Juillet 1815.

HISTOIRE

DES

QUINZE SEMAINES.

Une puissance monstrueuse opprimait la France, et menaçait l'univers ; elle gouvernait au bruit des armes ; la foudre proclamait ses lois ; cette puissance, après un règne de trois mois, après une campagne de trois jours, s'est évanouie comme l'ombre, et nous avons tous répété ces paroles de l'écriture : *j'ai vu l'impie adoré sur la terre*, *etc.*

Au mois de mars dernier, les sages de la nation disaient : *Bonaparte nous amène la guerre civile et la guerre étrangère*. Les complices de Bonaparte répondaient en criant : *vive l'empereur! vive Napoléon!* Les prédictions des sages n'ont été que trop accomplies. Le navire qui a jeté Bonaparte sur nos côtes, semblable à ces vaisseaux qui reviennent du levant et recèlent dans leurs flancs le germe d'une funeste contagion, nous avait apporté le deuil et la mort : au premier signal, le génie de la révolution, monstre long-temps enchaîné, avait fait entendre ses rugissemens ; le mensonge et l'erreur avaient repris leur empire ; toutes les blessures de la patrie s'étaient rouvertes ; toutes les maladies de l'esprit humain qu'on croyait guéries, ont reparu avec des simptômes effrayans. Tandis qu'une multitude insensée, criait sur le chemin de Bonaparte, *vive l'empereur! vive la liberté!* un cri d'allarme se faisait entendre chez les peuples voisins ; une barrière s'est élevée entre le peuple français et les autres nations ; un crêpe noir semblait placé sur nos frontières, comme dans les jours où la peste exerce ses ravages, pour avertir les voyageurs de s'éloigner d'une terre où les malédictions du ciel venaient de tomber. Lorsqu'ils ont vu le deuil et les malheurs de la Fauce, lorsqu'ils ont vu l'Europe en armes, les partisans de Bonaparte ont crié encore : *vive l'empereur !*

Ce cri menaçant était la réponse à tous les avis de la sagesse, à toutes les plaintes de l'adversité ; toutes les familles ont été dans le désespoir pour que la famille de Bonaparte fût dans la joie ; trois cent mille hommes ont couru à la mort, pour qu'un seul homme fût sauvé ; les pères étaient forcés de livrer leurs enfans, les riches leurs trésors, le pauvre, le prix de ses sueurs, pour défendre celui qui attirait tant de maux sur la France : le cri de *vive l'empereur ! vive Napoléon !* continuait à étouffer tous les murmures ; et du sein de la misère, du milieu des ruines, des voix s'élevaient encore pour crier : *vive l'empereur !* Ces terribles paroles étaient comme un cri de mort, qui jettaient partout l'épouvante, et retentissaient dans tous les lieux où se méditaient d'affreux complots, de sanglans attentats ; le peuple consterné criait : *vive l'empereur!* pour obtenir miséricorde ; il fallait crier *vive Napoléon !* pour conserver ses biens, pour sauver sa vie. On faisait répéter ce cri de mort aux victimes tremblantes de la tyrannie; les malheureux Français accablés de fers, partout menacés, partout poursuivis, entendaient crier partout : *vive l'empereur!* Ceux qui allaient verser leur sang pour Bonaparte, volaient au carnage en répétant *vive Napoléon !* Dans nos villes de guerre, sur les champs de bataille, sur toutes nos frontières, on entendait ces paroles que des gladiateurs marchant à la mort adressaient à Caligula : *ceux qui vont mourrir saluent l'empereur.*

La France n'oubliera point le jour où le meilleur des rois quitta sa capitale, vers laquelle marchait en triomphe un farouche usurpateur. Les cris du désespoir retentissaient dans les rues et sur les places publiques : le château des Tuileries était rempli de scènes de deuil. L'histoire peindra la douleur de ces grenadiers de la garde nationale parisiennne qui fondaient en larmes, et se jettaient aux genoux d'un roi malheureux, en lui demandant sa bénédiction. La postérité versera des pleurs d'attendrissement, lorsqu'elle apprendra la sublime résignation du monarque et la profonde douleur du père de famille, forcé de quitter ses enfans.

Bonaparte n'était point encore arrivé, et le souvenir d'un bon roi, les profonds regrets qu'il avait laissés, gouvernaient seuls la capitale, contenaient les ennemis de la royauté, suffisaient pour maintenir l'ordre et la paix. Le roi de France, exilé de sa ville de Paris, traversait les provinces, accompagné de quelques serviteurs fidèles; il n'avait point d'armée; mais il était gardé par l'affection de ses sujets; des témoignages d'amour et de respect éclataient partout sur son passage; chaque ville voulait le retenir dans ses murs, et tout le peuple jurait de mourir pour lui; mais la trahison s'efforçait de le séparer d'une nation fidèle. Une soldatesque qu'on avait égarée, des généraux parjures se plaçaient partout entre le monarque et son peuple ; le père de la patrie fuyait, et la patrie fuyait avec lui ; le peuple faisait de longs adieux à son monarque, et le monarque cherchait à consoler son peuple. Bientôt, les vœux, les regrets, les prières de la France ont suivi sur une terre étrangère un prince qui ne vivait que pour le bonheur et la gloire des Français.

Dans le même temps, Bonaparte arrivait, précédé par la terreur. Des cris de guerre se faisaient entendre sur son passage. Entouré de canons, au milieu d'une haie de soldats, il s'avançait comme un ennemi victorieux ; à son approche, l'air retentissait de menaces et de blasphêmes ; la discorde secouait ses horribles flambeaux ; les mères pressaient leurs enfans dans leurs bras en frémissant de crainte ; les bons citoyens gardaient un morne silence, et détournaient leurs regards, en pleurant sur les maux de la patrie. On ne voyait dans les rues, sur les chemins, que des soldats ivres, que des hommes couverts des haillons de la misère, fidèle et douloureuse image du gouvernement qui allait s'établir.

Celui qui avait signalé son règne par le plus odieux despotisme, revenait en prononçant le mot d'*idées libérales* ; ce mot, interprété par les plus honteuses passions, était comme un talisman qui avait la faculté d'égarer les esprits, et de rendre les hommes stupides. A ce mot, tous les factieux vieillis dans les troubles de la révolution, tous les aventuriers qui n'avaient de patrie que l'univers, et qui parcouraient le monde une constitution à la main, tous ceux qui fondaient leur fortune sur le désordre, et qui disaient comme Job, que l'or vient de l'aquilon, tous les esprits faux, tous les esprits pervers étaient accourus, et regardaient déjà la France comme une conquête promise à leur ambition. Bonaparte nous avait fait passer de son despotisme au règne des idées libérales, sans qu'on pût s'aperçevoir d'aucun changement ; ce qui prouve que les idées libérales, expliquées par la mauvaise foi, ne sont pas loin du despotisme, et qu'elles doivent être regardées comme un des instrumens de la tyrannie. Les mots qu'on ne peut définir, et qui n'ont point de signification précise, enflamment aisément l'esprit du peuple, et secondent merveilleusement le génie des révolutions.

Les idées libérales, si on entend par ce mot, l'amour de l'égalité, l'amour de la liberté, sont mieux exprimées dans l'évangile que dans les livres de nos philosophes ; mais dans l'évangile, les idées libérales s'unissent au désintéressement, à l'humilité, tandis que les novateurs ont trouvé le secret de les allier avec l'orgueil, l'ambition et l'avarice. Les apôtres de l'évangile, en prêchant les idées libérales, foulaient aux pieds les choses de la terre ; les novateurs, au contraire, ne prêchent aujourd'hui les idées libérales, que pour obtenir des honneurs, des richesses, et pour arriver à l'empire.

Bonaparte qui avait été chassé par une coalition de rois, savait qu'il pouvait être rappelé en France par la coalition de tous les vices; pour reprendre son autorité, il avait promis de la partager avec tous les intrigans qui viendraient au-devant de lui. A peine est-il débarqué qu'il s'adresse à l'orgueil, à l'avarice, à l'ambition, et leur dit : *vous régnerez avec moi.* Aussitôt les partisans des idées libérales se sont fait les ministres du despotisme qui les admettait en partage de l'autorité, et qui leur promettait les dépouilles du parti vaincu. Le nom de l'empereur a été pour eux comme le synonime de l'égalité révolutionnaire, à l'aide de laquelle naguères ils s'étaient élevés au-dessus du peuple. Ils ont résolu de se servir de Bonaparte, comme ils se servaient autrefois de la liberté, pour effrayer et gouverner le monde. Ainsi les idées libérales n'étaient ni la véritable liberté, ni la véritable égalité, mais la tyrannie de plusieurs, en attendant que le despotisme d'un seul pût être rétabli par les bayonnettes, et pût refleurir par la victoire.

Entouré de ses nombreux satellites, Bonaparte prêchait les idées libérales comme Mahomet prêchait son Alcoran. En arrivant sur le territoire français, ce terrible apôtre de la liberté, avait déjà dressé des tables de proscription ; l'exil de plusieurs milliers de citoyens, les confiscations, les séquestres avaient signalé son retour dans la capitale. Quelques hommes, connus par leur modération, avaient entrepris d'arrêter ses fureurs, et d'adoucir les rigueurs de la tyrannie ; mais telle était la malheureuse position des choses, qu'on ne pouvait s'opposer au despotisme qu'en prêchant la licence. Pour se défendre des entreprises d'un tyran, on invoquait le génie de la révolution, non moins redoutable que la tyrannie, et qui devait bientôt remettre la France sous le joug du despotisme le plus odieux.

Déjà l'anarchie avoit étouffé toute espèce de liberté ; on se vantait de ne connaître d'autre servitude que celle des lois, et la France n'avait plus de lois ; on citait le peuple français comme le modèle des peuples libres, et dix mille agens de la tyrannie, au nom des idées libérales, disposaient à leur gré de la fortune et de la liberté des citoyens. On avait envoyé dans toutes les provinces des commissaires extraordinaires, pour que le despotisme fût présent partout. Ainsi l'enfer envoye ses mauvais anges, qui parcourent le monde avec la funeste mission de pervertir, de corrompre l'espèce humaine, de semer partout la discorde ; ces commissaires étaient chargés de détruire en tous lieux le bien qu'avait fait le roi de France; ils étaient chargés de faire triompher le génie du mal, de persécuter les Français fidèles, de récompenser les séditieux et les traîtres.

Les chemins étoient couverts de *fédérés*, nouvelle espèce de jacobins, armés à la fois de la parole et du glaive, qui allaient de ville en ville pour réchauffer la multitude égarée, pour animer les citoyens contre les citoyens, pour exciter au pillage des propriétés, pour souffler partout le feu de la sédition et de la guerre. Chaque quartier dans la capitale, chaque cité, chaque canton dans les provinces, avait ses tyrans, décorés du nom d'amis de la liberté et de la patrie. Chaque village avait ses délateurs, nuit et jour occupés à poursuivre la vertu qui se dérobait aux regards de la tyrannie, et le malheur qui cherchait un asyle. Tous ces apôtres de la sédition parlaient avec une insolente ironie du gouvernement paternel des Bourbons; ils disaient dans leurs proclamations, *malheur aux riches, malheur aux hommes vertueux, malheur à tous ceux qui sont restés fidèles à la monarchie légitime.* Ils insultaient à la providence qu'ils accusaient d'avoir ramené parmi nous le meilleur des princes. Les ministres de la religion qui avaient prié pour le roi de France, étaient accablés d'outrages et forcés de prier pour l'oppresseur de la patrie. Dans plusieurs villes, le sanctuaire avait vu se renouveller les horribles scandales du règne de la terreur. Une multitude effrénée avait toublé le service divin, et crié au milieu des fidèles assemblés, *à bas le paradis, vive l'enfer!* Au pied des autels du dieu clément, on jurait la mort de tous ceux qui n'avaient point oublié ses lois, et qui parlaient avec respect d'un monarque, sa plus fidèle image sur la terre.

Cependant le duc d'Angoulême dans la Provence ralliait les bons Français, et bravait tous les dangers pour sauver le royaume prêt à périr ; toutes les espérances de la patrie se portaient vers ce prince magnanime ; mais Bonaparte avait partout des complices ; le génie de la revolte avait partout des émissaires ; l'exemple d'un jeune héros, ne pouvait ramener des soldats égarés ; la cause de l'antique France succombait de toutes parts : le silence du désespoir avait succédé aux bruyantes acclamations par lesquelles les peuples saluaient les Bourbons, et les braves restés fidèles à la monarchie, s'éloignaient de la France, en répétant : *tout est perdu hors l'honneur*. Dans le même temps la fille de Louis XVI, animait par ses discours et par son noble exemple, le patriotisme et le zèle des habitans de Bordeaux ;

tout le peuple se ralliait autour d'elle, mais les soldats qui sous l'influence de Bonaparte avaient perdu le caractère et l'esprit français, étouffaient la voix des citoyens, et rejettaient les prières d'une héroïne, l'honneur et la gloire de la patrie. Ni la vue d'une auguste infortune, ni le spectacle d'une princesse en larmes, rien ne pouvait toucher leurs cœurs. Le mépris d'une si haute vertu est le crime le plus odieux de cette époque désastreuse et suffit seul pour caractériser le règne d'un farouche étranger.

Déjà la tyrannie ne trouvant plus d'obstacles, foulait la France sous ses pieds de fer et d'airain, et la multitude s'obstinait à répéter, *vive la liberté! vive l'empereur!* Dans la foule aveugle des adorateurs de Bonaparte, l'usurpation avait pris le nom de légitimité; la fidélité n'était plus qu'une noire trahison; le crime était devenu la vertu : la tyrannie a besoin de changer le langage des peuples pour les tromper, elle a besoin de les tromper pour les asservir. Ceux que la justice repousse sont naturellement portés à dénaturer les idées du juste et de l'injuste, pour apaiser leur propre conscience et celle de leurs complices. Lorsque les opinions établies ne leur sont pas favorables, il leur faut créer des opinions nouvelles. Les factieux et les tyrans se montrent sur-tout habiles à corrompre les vieilles institutions, pour consacrer des désordres et des crimes nouveaux. Bonaparte, toujours fidèle à sa politique convoque une assemblée du Champ de mai; le mot de Champ de mai semblait nous rappeler un souvenir national; on aurait pu croire qu'un autre Charlemagne remontait sur le trône, et relevait parmi nous l'empire de l'Occident. Mais quel était l'homme qui convoquait l'assemblée du Champ de mai? l'usurpateur de la couronne des rois, le chef d'une troupe rebelle! On ne voyait point arriver au nouveau Champ de mai, ni ces barons, ni ces vidames, ni ces preux chevaliers qui, chez nos ayeux, étaient l'éclat et le soutien de la monarchie française; mais quelques bourgeois, les uns ignorés, les autres trop connus, qui accouraient pour détruire tout ce qui restait des lois et de la religion de nos pères, tout ce qui restait de l'antique monarchie; des vétérans de la révolution, qui venaient pour livrer la patrie à d'ignobles tyrans, et le sceptre aux mains d'un étranger.

Bonaparte n'avait pas besoin de Champ de mai pour s'emparer de l'autorité; il n'avait pas attendu les décisions du Champ de mai, pour sortir de son île; mais il voulait faire consacrer son usurpation, faire sanctionner tout le mal qu'il avait déjà fait à la France; après avoir asservi et désolé la nation française, il voulait lui faire un dernier outrage en invoquant son nom. Il voulait que les clameurs de la révolte fussent rédigées en constitution, et que la honte de la France devînt comme une loi de l'état.

Bientôt une foule de députés, choisis par une minorité séditieuse, assiégent la tribune aux harangues, et viennent nous dire qu'ils ont la confiance du peuple français qui ne les a point nommés et qui ne les connaît point; ils font parler la nation qui s'obstine à garder un silence accusateur ; ils proclament la guerre au nom de la patrie qui ne soupire qu'après la paix ; ils déclament contre les étrangers, et le plus barbare de tous les étrangers obtient leurs éloges et leurs suffrages. Ils accusent tous ceux qui ne partagent point leur délire, de n'être pas Français, comme s'ils étaient eux-mêmes des Français ces hommes pour qui l'histoire de notre patrie semble une histoire étrangère ; ces hommes qui osent nous dire que la gloire de la France n'a commencé qu'avec Bonaparte, et doit finir avec lui.

Ces législateurs qui devaient leur élection aux bayonnettes, ne voyaient la gloire de la patrie que dans le tumulte des combats. On sait qu'en Angleterre, où nos sages modernes vont sans cesse chercher leurs modèles, la présence d'une armée remplit d'effroi tous les amis de la liberté publique. En France, au contraire, ceux qui se vantaient d'avoir brisé nos chaînes, n'étaient rassurés que par l'aspect des armes.

C'est à l'armée qu'on confiait le dépôt de la liberté ; c'est l'armée qu'on chargeait d'exprimer la volonté de la Nation. Bonaparte avait dit aux soldats : *tout ce qu'on a fait sans vous consulter est illégal.* Ce mot était devenu un axiome de la législation. Les soldats étaient appelés au *Champ-de-Mai* et dans les assemblées politiques ; leur présence pouvait seule légitimer les travaux des législateurs : ainsi l'épée faisait des lois ; le sabre travaillait aux constitutions de l'empire.

Nos philosophes modernes ne cessaient de déclamer contre le fanatisme religieux qu'ils accusaient d'avoir fait verser des torrens de sang ; mais ils n'élevaient point la voix contre la guerre qui dans l'espace de quelques années avait fait périr plusieurs millions d'hommes. Ils aimaient la guerre avec fanatisme ; c'est par la guerre qu'ils voulaient fonder la liberté. Pour que la France fût libre, tout le monde devait courir à la mort ; tous les Français devaient mourir pour la liberté dont on parlait à la tribune ; mais il n'était permis à personne de vivre pour elle. On voulait que la nation ne fût qu'une armée, que la France ne fût qu'un camp. Il fallait qu'il y eût une batterie à la porte de chaque maison, des fortifications dans toutes les rues, du canon dans chaque promenade. On déclarait mauvais citoyens tous ceux qui ne désertaient pas les ateliers de l'industrie, tous ceux qui n'abandonnaient pas leurs moissons pour voler aux armes. Le patriotisme consistait à n'avoir point de famille, à négliger tous les travaux qui font la prospérité de la patrie, à s'entourer de ruines et de sanglantes images. Déjà on avait proposé des récompenses à ceux qui ravageraient les campagnes, à ceux qui brûleraient les villes. On envoyait d'abord la jeunesse à la mort, on s'emparait ensuite de l'âge mûr; la vieillesse n'était point un asyle, les infirmités une excuse. Le législateur ne s'occupait plus de protéger la vie et la propriété des citoyens; pour que la France pût faire la guerre, toutes les lois condamnaient les Français à se dépouiller de leurs biens; toutes les lois leur ordonnaient de mourir.

Tel était le règne de la liberté, tel était le règne de Bonaparte. Au milieu de la désolation générale, tous les regards se portaient sur la ville que le fils de St.-Louis et d'Henri IV avait choisi pour sa retraite. C'est là qu'on conservait les institutions de la patrie, et les lois protectrices de la vie des citoyens ; c'est là qu'on préparait des traités, qu'on méditait des plans qui devaient ramener la paix, nous assurer une liberté raisonnable et tranquille, nous faire oublier un jour tous les malheurs de la révolution et de la guerre. Toutes les fois que Bonaparte rendait une loi de sang, le père de la France, dans son exil, s'occupait d'une loi bienfaisante et salutaire. Lorsque la tyrannie de Bonaparte plongeait une ville ou une province dans le deuil, Louis-le-Désiré s'occupait d'avance de réparer les maux d'un peuple qui n'avait point cessé d'être sa famille; il était dans sa retraite comme l'ange du naufrage, recueillant les tristes débris de la patrie, prodiguant des secours et des consolations à tous ceux qui avaient souffert, pleurant sur les infortunes qu'il ne pouvait consoler.

Plusieurs fois, du fond de l'exil, sa voix paternelle arriva jusqu'à nous pour nous avertir du terrible orage qui allait éclater contre la France, et pour nous montrer le trône des Bourbons comme le plus sûr asile du peuple français ; mais le mensonge et la révolte s'élevaient contre lui, et faisaient rejeter ses conseils. La calomnie poursuivait les plus vertueux des Bourbons ; elle accumulait les plaintes sur leur règne passé, ou calomniait leur règne futur. Comme la justice avait toujours présidé à leur gouvernement, on parlait des injustices qu'ils se proposaient de commettre ; la charte constitutionnelle de Louis XVIII avait été renversée par Bonaparte ; on reprochait aux Bourbons d'avoir voulu la détruire. On disait à la multitude, qu'au départ du roi, la dîme, la corvée, tous les droits féodaux allaient être rétablis ; on disait au peuple qu'il n'aurait bientôt plus d'asile que les forêts, d'autre nourriture que l'herbe des champs. On faisait courir de prétendues listes de proscription dressées par les royalistes ; on montrait les hommes qu'on devait égorger, les chaumières qu'on devait livrer aux flammes. Tous ces bruits odieux enflammaient l'esprit d'une multitude facile à égarer : en lui faisant redouter ainsi des complots imaginaires, on détournait ses pensées des maux plus réels de la guerre étrangère.

Bonaparte qui armait toute l'Europe contre la France, cherchait à faire croire qu'il apportait la paix. Dans le premier mois de son retour, ses partisans nous disaient que l'Europe était épuisée d'hommes et d'argent, que les rois ne seraient point d'accord, que le souverain de l'île d'Elbe s'était ménagé de puissans alliés ; lorsque ces espérances venaient à être démenties, on répandait d'autres mensonges : on disait que les rois ne faisaient point la guerre à Bonaparte, mais à la nation française ; qu'ils n'avaient pris les armes que pour se partager nos provinces. On réchauffait ainsi les passions de la multitude, et pour rassurer les esprits faibles, on leur disait que les peuples de l'Europe allaient secouer le joug de leurs souverains; que les armées étrangères n'étaïent point aussi nombreuses que le publiait la renommée. On célébrait d'avance les victoires que Bonaparte allait remporter; on parlait de Bonaparte comme du libérateur de la patrie ; chaque jour enfantait un bruit nouveau , une imposture nouvelle : c'était le règne des trompeuses illusions , des fausses allarmes, des espérances mensongères; mais bientôt la foudre devait éclater ; au milieu des champs du carnage, la voix terrible de la vérité allait se faire entendre : Bonaparte ne peut plus mentir, et son règne est passé.

Déjà la justice divine, par la chute précipitée de Murat, avait averti que la dernière heure des usurpateurs était arrivée. Tout-à-coup le bruit se répandit dans la capitale et dans les provinces que Bonaparte était revenu à Paris. Cette nouvelle fut pour nous la révélation d'un grand désastre ; toute la nation savait que Bonaparte ne revenait à Paris, que lorsqu'il était vaincu, et que le père des soldats avait coutume d'abandonner son armée au milieu des périls, et dans une retraite malheureuse. On se rappelait la fuite d'Egypte, la fuite de Moscou, la fuite de Leipsick; partout on se disait : *pour la seconde fois, Bonaparte n'a pas su mourir ; il revient dans la capitale pour savoir si de nouvelles victimes ne veulent pas mourir à sa place ; il revient pour savoir si la nation n'a pas encore quelques sacrifices à faire pour racheter sa honte et sa vie.* Après avoir déserté son armée, après avoir entraîné les soldats par son exemple, il ose donner l'ordre d'arrêter les déserteurs ; il s'étonne que tous les soldats français ne soient pas morts pour lui ! L'insensé! il se plaint d'avoir été trahi, lui, qui naguères nous faisait un crime de notre fidélité, et qui n'est rentré en France que par la trahison ! Il comptait sur le zèle et le dévouement des Français, sur le serment qu'on lui avait fait d'être fidèle, lui qui n'avait autour de lui que des hommes coupables du plus grand des parjures.

Il osait se plaindre de la discipline de l'armée ; mais quelle discipline pouvait exister parmi des soldats qu'on avait égarés en son nom, qui avaient méconnu la voix de leurs chefs les plus illustres, qui avaient déserté la cause du meilleur des princes, pour courir au-devant d'un usurpateur ! Ainsi la perfidie et la licence ont fait tomber celui qui était arrivé par la licence et la perfidie ; ainsi celui qui avait provoqué la violation de tous les sermens, a recueilli le fruit amer du parjure.

C'est alors que la honte de ceux qui se vantaient de nous avoir fait connaître la gloire, que les alarmes de ceux qui nous avaient inspiré tant d'effroi, nous ont été données en spectacle ; nous avons vu pâlir le front de ces maréchaux infidèles, de ces modernes Séjean, qui avaient trahi Bonaparte pour Louis XVIII, et Louis XVIII pour Bonaparte, qui avaient flatté tour-à-tour le peuple et l'empereur, servi la liberté et le despotisme. Nous avons vu cette foule de princes, enfantés par la révolution, abandonner les palais qu'ils avaient envahis, quitter la pourpre impériale comme les acteurs quittent leurs habits de théâtre, et chercher un coin de terre dans cette Europe qui longtemps ne fut point assez vaste pour leur ambition.

Il faudrait avoir la plume de l'historien qui a peint le sénat de Galba, de Vitellius et d'Othon, pour retracer les délibérations de la chambre des pairs et de la chambre des représentans (*); là c'est l'ambition trompée qui emprunte le langage du patriotisme, et pleure la perte d'une place ou d'une dignité, en parlant des malheurs de la patrie. Ici c'est la crainte qui se montre dans l'exagération des discours, et voudrait se cacher sous le vain appareil des menaces. Plus loin c'est l'orgueil qui s'irrite du pardon qui lui est offert, qui se fait une vertu

(*) Nous devons dire ici qu'il se trouvait dans cette assemblée quelques hommes de bien; mais ils étaient sans influence et sans pouvoir pour arrêter le désordre.

de l'obstination dans la révolte, qui est prêt à ébranler l'univers, plutôt que d'avouer une erreur. Pour se faire une juste idée de cette troupe de législateurs, créés par le génie de la discorde, on n'a qu'à lire le second chant du Paradis perdu, où l'Homère Anglais, qui connaissait si bien l'esprit des factieux, a peint le terrible conseil de Satan. Dans le conseil décrit par Milton, chacun des anges rebelles représente une passion ou un vice, montre une difformité ou un ridicule, propose un grand crime ou médite une grande calamité. Dans le sénat de Bonaparte, il n'est point de forfait dont on n'ait la pensée, point de malheurs dont on ne menace la France; il n'est point de parti révolutionnaire, point de passion honteuse, point d'opinion extravagante qui n'ait son organe, son apologiste ou son représentant. En parcourant la liste des hommes qui le composent, on croit assister tantôt aux scènes de la terreur, tantôt aux sanglantes journées du 10 août et du 2 septembre, tantôt aux massacres de vendémiaire, tantôt aux proscriptions de fructidor.

Mais quel changement s'est tout-à-coup opéré dans cette assemblée! Chacune de ses lois semblait être comme la foudre qui devait frapper tous les rois : elle était au-dessus de toutes les craintes comme au-dessus de tous les remords. Aujourd'hui elle tremble pour elle-même : son premier sentiment est celui de ses propres périls; les pères conscrits ne songent plus à mourir pour cette constitution qu'ils ont juré de défendre, mais ils songent à vivre pour en faire une autre. A l'exemple de leur maître, ils auraient voulu devoir leur salut à trente batailles, et se faire un rempart d'ossemens humains : ils demandent avec inquiétude combien il reste de soldats qui doivent mourir pour eux.

La présence de Bonaparte qui les remplissait de joie, maintenant les importune. Napoléon avait créé l'assemblée des législateurs ; l'assemblée à son tour avait proclamé

Napoléon : chacun tremble ou plutôt rougit de son propre ouvrage. La victoire était la première condition que les nouveaux législateurs avaient mise à la puissance de Bonaparte ; cet empereur qu'ils ont adoré, est pour eux comme ces idoles à qui les sauvages demandent toutes sortes de biens, qui obtiennent de l'encens tant qu'elles accordent ce qu'on leur demande, mais qui sont battues de verges et renversées dans la boue lorsqu'elles ne remplissent point les vœux de leurs stupides adorateurs. Le sénat est persuadé maintenant qu'il ne peut se sauver avec Bonaparte, et veut s'emparer de la puissance ; on ne célèbre plus à la tribune les victoires de Napoléon, on n'y parle plus que de ses fautes ; c'est lui qui a provoqué une guerre désastreuse ; il n'est plus le libérateur, mais le fléau de la patrie. De son côté, Bonaparte se repent d'avoir donné aux deux chambres, la faculté de juger sa conduite ; il commence à croire qu'il ne peut se sauver avec l'assemblée des législateurs, et veut la dissoudre. La lutte s'engage :

Bonaparte jette un regard sur les fédérés des faubourgs, caresse la populace, et se promet la victoire; la crainte, mobile tout puissant, redouble les forces des législateurs : Bonaparte est encore une fois vaincu. L'usurpateur qui avait promis de sauver la patrie, annonce enfin qu'il abandonne l'état et l'empire; les législateurs reçoivent froidement son message, et ne prodiguent les acclamations que dans le procès-verbal; tandis que deux ou trois fanatiques vantent l'abdication de l'empereur comme un acte d'héroïsme, et votent des remerciemens à celui qui vient de perdre une armée, les autres se demandent d'un air inquiet si Bonaparte est parti pour le lieu de son exil.

Les mains long-temps victorieuses de Napoléon n'ont pu retenir les rênes de l'état : il n'a pu sauver la patrie; qui achevera ce grand œuvre? qui doit monter sur le trône pour repousser l'ennemi? Bonaparte propose son fils, il propose un enfant aux suffrages de la nation, un enfant resté entre les mains des puissances qui nous font la guerre. Les législateurs qui s'étaient ralliés autour du char triomphant de Bonaparte, se rallient autour d'un berceau; ils échangent un roi vaincu contre un roi prisonnier, et croyent avoir fait quelque chose pour leur salut et pour celui de la France.

Nous n'avons plus cet empereur qui a fait trembler l'Europe, à la tête des armées; mais un empereur qui sort des bras de sa nourrice, qui bégaye avec peine le mot d'*empire*, et n'a jamais rangé en bataille que des soldats de fer-blanc et des héros de carton. N'importe, il va régner, et l'on peut encore faire entendre les cris de *vive l'empereur!* Déjà son règne est commencé; on fait d'horribles lois qui vont être exécutées en son nom; dans l'âge de la faiblesse et de l'innocence, il est déjà un tyran sanguinaire; c'est en son nom qu'on s'efforce d'arrêter les bruits qui se répandent, les opinions qui s'accréditent; qu'on veut enchaîner la presse et même la renommée; c'est en son nom que se renouvelle le code des suspects, qu'on poursuit, qu'on emprisonne les citoyens; qu'on veut envoyer tous les Français à la mort; les lois révolutionnaires, les proscriptions, les levées en masse, les constitutiont nouvelles seront les monumens de son règne, et les jouets de son enfance.

Cependant, les législateurs s'étonnent, qu'après l'abdication de l'usurpateur, l'ennemi n'ait point cessé la guerre, comme si ces législateurs n'étaient pas les représentans de Bonaparte; comme s'ils ne s'occupaient pas de continuer son ouvrage; comme si l'esprit de Napoléon ne vivait point encore parmi eux. Mais Bonaparte n'est point parti; on redoute plus sa présence que l'approche des armées étrangères. L'affreux génie de la révolution, qui l'avait élevé au pouvoir absolu, qui l'avait rappelé de son exil, se réveille tout-à-coup, et veut remonter sur le trône avec lui: Napoléon est encore l'idole de la multitude et l'empereur des faubourgs. Tous les satellites de la tyrannie, tous les agens de la terreur sont en mouvement; on menace, on outrage les paisibles citoyens ; l'effroi se répand dans les provinces ; toutes les villes sont dans l'agitation. La populace qui a pris les armes, et qui fait revivre l'armée révolutionnaire de Robespierre, parcourt les rues de la capitale, le sabre à la main, prépare les torches de l'incendie, en criant *vive l'empereur!* et menace de brûler Paris pour sauver l'empire.

Au milieu du désordre universel, les législateurs tremblans ne savent plus s'ils doivent confier leur salut à la monarchie ou à la république, s'ils doivent invoquer le génie de la révolution ou le génie du despotisme; dans leur délire, ils les confondent ensemble, et les invoquent tous les deux à la fois : ils proclament tour à tour la sédition, la liberté, la tyrannie et la licence. Quelques hommes sages osent faire entendre leur voix ; mais les esprits sont tellement troublés, qu'on traite de folie le langage de la raison, et qu'on accuse de trahir la patrie, ceux même qui bravent tout pour la sauver. Des législateurs sans mission, des députés dont l'élection ne pouvait être reconnue que sous le règne de l'usurpateur, pèsent dans leurs balances les droits et les titres des rois. Ils cherchent partout un prince qui puisse sauver l'empire, mais ils ne songent point à celui que la nation appelle par ses vœux. Ils sont prêts à demander un souverain aux nations étrangères; ils le prendront volontiers chez les peuples barbares; tous les monarques sont bons pour eux, pourvu qu'ils ne soient pas légitimes, car la justice les irrite; tout ce qui est cher aux Français leur est odieux : la légitimité leur fait horreur.

De toutes parts l'ennemi s'avance, plusieurs provinces sont envahies; de quoi s'occupent les législateurs? Ils font une constitution! Les bannières des armées anglaises et prussiennes paraissent à la vue de la capitale, toutes les rives de la Seine sont au pouvoir de l'ennemi; que font les législateurs? ils corrigent la constitution; le bruit du canon retentit de toutes parts, les barrières de Paris sont devenues le théâtre de la guerre, les villages voisins sont en flammes, on entend de la tribune les cris des blessés et des mourans; que font encore les législateurs? Ils achèvent en paix une constitution. Une constitution leur paraît le seul remède à tous les maux de la patrie; ils sont prêts d'aller au-devant des armées coalisées, portant à la main une constitution comme dans les siècles religieux, on portait au-devant de l'ennemi des croix et les reliques des saints; ils ouvrent les archives poudreuses de nos constitutions passées, ils vont chercher leurs modèles dans l'antiquité, ils consultent la législation de tous les peuples modernes; mais personne ne propose de faire revivre cette charte qui est un bienfait du roi, et qui peut mettre fin à tous nos maux; cette constitution qu'ils avaient juré de défendre, qu'ils invoquaient naguères contre les amis du roi et contre le roi lui-même. Ils n'osent relever ce que Bonaparte a renversé; tout ce que Bonaparte a proscrit ne saurait trouver grâce devant eux. Il faut que la patrie périsse, si les lois qu'ils ont faites sous l'usurpateur, si les lois qu'ils font encore, ne peuvent la sauver.

A mesure qu'on approche du jour de la délivrance, le tumulte s'accroît, la France est plus agitée ; on entend parmi les conjurés ces grincemens de dents dont parle l'écriture. Ils se répentent de n'avoir pas pillé les villes, brûlé les châteaux, de n'avoir pas dépouillé les riches, égorgé les royalistes, de n'avoir pas achevé tous les crimes commencés. Tous ceux qui parlaient pour la paix étaient maltraités par une multitude furieuse; tous ceux qui invoquaient dans leurs discours ou dans leurs écrits un gouvernement paternel, étaient traînés dans les cachots. On ne voyait dans cette vaste cité que des hommes qui se regardaient mutuellement comme des étrangers ou des ennemis ; on n'osait plus se communiquer ses pensées ; on cachait ses sentimens et ses alarmes ; on osait à peine gémir sur le sort de la France, et demander des nouvelles de ce qu'on avait de plus cher. La tyrannie expirante cherchait sur-tout à désunir les citoyens ; lorsque deux hommes de bien venaient à se rencontrer, une bayonette s'élevait entre eux. Le mensonge avait seul le privilége de se faire entendre : au milieu des désastres, on avait proscrit la pitié; la raison passait pour un crime d'état, la prévoyance pour une trahison. Des orateurs séditieux parcouraient les rangs de l'armée et promettaient aux soldats les dépouilles des citoyens : la capitale de la France, les monumens des arts, les dépôts des lumières, les richesses de la nation, tout allait périr sous les coups de nos ennemis, et par le glaive de nos défenseurs. Tandis que un crèpe noir couvrait toute la France, qu'on violait toutes les lois de l'humanité et de la justice, les chefs des factieux ne s'occupaient à la tribune que de comprimer l'impatience qu'avaient les Français de voir un roi qui venait réparer leurs malheurs ; ils calomniaient, à la face de l'Europe, la fidélité de la nation, et cherchaient à placer mille barrières entre le peuple et le monarque. Après avoir fait des lois tyranniques pour conserver leur pouvoir, ils imposaient des institutions libérales à la monarchie. Sous leur règne, ils ne souffraient point d'opposition à leur volonté ; mais comme leur règne allait finir, ils préparaient les élémens d'une opposition future ; ils faisaient, pour l'avenir, un appel à la sédition et à la révolte. Ils s'occupaient gravement de placer une cocarde tricolore sur le diadême de St. Louis, et cherchaient à enchaîner d'avance l'autorité paternelle du roi, comme si le roi n'avait pas besoin de toute son autorité pour refermer l'abîme qu'ils ont ouvert, pour nous faire oublier le mal qu'ils ont fait.

Cependant la populace à l'exemple de Bonaparte, abdique, en frémissant, sa souveraineté révolutionnaire. Les législateurs, plus ambitieux que Napoléon, veulent garder l'empire ; mais bientôt leurs discussions deviennent l'objet de la risée publique : le ridicule suffit pour faire tomber cette puissance qui répandait l'effroi. Le calme commence à renaître, ce qui annonce que le roi de France est déjà rentré dans son royaume ; le crédit public, qui n'est autre chose que l'espérance d'un meilleur avenir, renaît au milieu des ruines, et semble nous dire que la probité va remonter sur le trône. L'aigle impérial s'enfuit de clocher en clocher comme il était venu ; Bonaparte, accompagné de quelques-uns de ses complices, s'éloigne tristement ; les malédictions de tout un peuple l'accompagnent ; dans le même temps, Louis-le-Désiré s'avance vers la capitale ; il revient aussi du champ de bataille, mais il ne l'a quitté qu'après avoir soigné les blessés ; des cris de mort ne signalent point son approche, comme ils signalèrent l'arrivée de Bonaparte. Lorsque Napoléon revint de l'île d'Elbe, ses partisans exprimèrent une joie féroce, et coururent embrasser l'autel des furies : les amis du roi courent dans les temples et remercient le dieu des miséricordes d'avoir sauvé la France.

Pour expliquer tant de révolutions, tant de situations diverses, on serait quelquefois tenté d'adopter, au moins pour la politique, la doctrine des Manichéens ; cette secte religieuse reconnaissait deux principes qui se partageaient et gouvernaient tour à tour le monde. L'un de ces principes était le génie du mal, l'autre le génie du bien : le premier présidait à la tyrannie, inspirait aux hommes le crime et la révolte, soufflait le feu de la discorde, se plaisait au milieu des ruines ; le second protégeait la vertu, faisait fleurir la paix, inspirait aux hommes des sentimens d'humanité, de fidélité. On pourrait croire que la France est depuis longtemps sous l'influence des deux génies. Quand Louis XVIII est arrivé pour la première fois, c'est le génie du bien qui exerçait l'empire. Le génie du mal qui s'était ensuite saisi du pouvoir, avait rappelé Bonaparte, avait aveuglé la multitude, avait égaré l'armée ; aujourd'hui les deux génies semblent régner à la fois, et se disputent la France. L'un nous ramène la famille des Bourbons ; l'autre sème des obstacles sur leurs pas ; l'un parcourt les villes et les campagnes, une branche d'olivier à la main; l'autre appelle à grands cris la révolution, et fait briller le glaive de la guerre civile; lorsque Louis-le-Désiré est aux portes de Paris, le génie du mal régnant encore dans la capitale prêche la sédition, ferme les barrières, et retient tout un peuple prisonnier. Enfin le mauvais génie quitte la tribune, abandonne le pouvoir et s'éloigne en grondant. Le génie du bien a présidé seul à la rentrée d'un bon roi, et lui seul peut décrire les sentimens qu'il a mis dans tous les cœurs.

Nous avons vu cette journée, qu'on doit appeler la fête du retour. Au milieu des malheurs de la guerre, tous les Français trouvaient encore des larmes de joie; le souvenir récent de la tyrannie et de l'usurpation, ajoutait à leur amour pour un roi légitime; plus ils avaient souffert, plus ils étaient disposés à aimer; plus les sentimens avaient été contraints, plus ils ont éclaté; l'enthousiasme de la capitale s'est communiqué aux provinces, et la France qui jusqu'alors n'avait entendu que des cris de mort, que le bruit des combats, que les gémissemens de la douleur, peut répéter enfin les hymnes de la paix, les cantiques de la délivrance.

On avait dit quelques jours auparavant à la tribune, que les vœux des Français repoussaient la famille des Bourbons ; c'est dans cette journée, c'est à la fête du retour, qu'on a pu se convaincre que les législateurs n'étaient point les représentans de la France, puisqu'ils avaient si peu connu les sentimens de la nation.

Il y a un an que nous célébrions l'arrivée des Bourbons comme un miracle de la providence ; leur retour, après une absence de trois mois, nous paraît un miracle plus étonnant que le premier, et sur-tout un plus grand bienfait du ciel.

Plus les malheurs de la guerre sont grands, plus nous devons applaudir à la chute de celui qui a provoqué la guerre, plus nous devons recevoir avec empressement ceux qui viennent sauver les débris de la fortune publique : l'invasion du territoire est un horrible désastre ; mais la honte doit en retomber toute entière sur les hommes qui ont rappelé parmi nous le plus cruel ennemi de la France. Quel est celui qui a été chercher les étrangers jusque dans les déserts de la Russie ? Quel est celui qui, dans sa fuite, leur a montré deux fois le chemin de la capitale ? Lorsque Bonaparte rentra sur le territoire français d'où il avait été banni, Louis XVIII n'annonça-t-il pas à son peuple tous les malheurs de la guerre; c'est la perspective douloureuse de tant de calamités, qui, à son départ, déchirait son cœur paternel ; c'est le spectacle des maux qu'il avait prévus, qui, à son retour, ferme son cœur à la joie. Le roi de France revient; il n'est point ramené par l'ambition de régner, mais par le besoin de défendre nos droits et les siens. Il revient au milieu d'un peuple où il n'entendra que les gémissemens de la misère ; chez un peuple que la guerre et la révolution ont tour-à-tour désolé ; il verra les fureurs mal éteintes des partis et des factions qui viendront s'accuser devant lui ; il verra partout les traces sanglantes du règne de la terreur et du règne de Bonaparte. Son âme royale souffrira toutes les douleurs qu'il vient consoler. Sans doute que la paix de l'exil, que l'étude des arts qu'il aime, lui paraîtront quelquefois plus douces que les pénibles veilles du trône. Il nous a dit lui-même que la couronne de Louis XIV n'était plus qu'une couronne d'épines. Il ne revient donc que pour se dévouer à la royauté, et pour prendre place parmi les plus malheureux des rois : qui de nous ne serait plein de reconnaissance pour un si grand sacrifice, pour un si saint dévouement. Vous qui regrettez Bonaparte, supposez un moment qu'il soit encore sur son trône usurpé ! Toutes nos cités seraient en flammes, toutes nos provinces ravagées de fond en comble ; la plus grande partie de la population aurait péri ; la capitale n'offrirait plus qu'un amas de ruines. Vous qui nous avez rendu la tyrannie de Napoléon, vous qu'afflige le retour d'un bon roi, supposez un moment que Louis XVIII fatigué de vos plaintes, effrayé de la tâche qu'il doit remplir, retourne dans sa retraite, et nous abandonne à la merci des étrangers victorieux; que deviendra alors la patrie? quel sera notre médiateur entre nous et l'Europe où nous n'avons plus d'amis, où Bonaparte nous a fait perdre tous nos alliés? Que cette pensée étouffe donc vos murmures; entourez de vos bénédictions le seul appui qui reste à la nation française, et convenez enfin que la France a plus besoin de Louis XVIII que Louis XVIII n'a besoin de la France.

Les rois coalisés n'ont point fait la guerre, comme on l'a dit, à la prière de Louis XVIII, mais ils l'ont faite pour leur propre sécurité; ils n'avaient point l'intention d'asservir la France, mais de sauver l'indépendance de l'Europe menacée par Bonaparte; aussi avons-nous vu s'armer dans cette guerre, non-seulement les gouvernemens absolus, mais les peuples libres. Nos frontières ont vu flotter les drapeaux des républiques comme ceux des monarchies.

Une de nos plus grandes erreurs depuis vingt-cinq ans, c'est d'avoir mis toutes nos espérances dans la victoire, de n'avoir jamais confié le salut de la patrie qu'au sort incertain des armes. Nous avons oublié que les bonnes institutions, que le respect pour les traités, étaient, pour l'indépendance des états, une garantie plus sûre que la victoire elle-même. L'amour de la paix, la sagesse, la modération peuvent, aussi bien que la bravoure, veiller à la garde des frontières. Louis XVIII est surtout appelé à nous faire sentir cette vérité. Déjà sa présence rassure tous ceux qu'effrayait Bonaparte. La France retrouve sous son règne cette force morale que les autres gouvernemens lui avaient fait perdre; l'estime qu'il inspire à l'Europe peut seule appaiser la colère du vainqueur. Il n'a point d'armée, mais sa royale parole suffit pour sauver l'intégrité du territoire, que des armées nombreuses n'ont pu défendre. Lui seul peut arrêter la guerre étrangère, lui seul aussi peut fermer les sanglantes blessures de la patrie. Il revient fort de son expérience et de l'expérience de son peuple. Du fond de sa retraite, il a vu les moyens qu'on employe pour renverser un état; il connaît les mesures qu'il faut prendre pour le sauver. La nation sait aujourd'hui que rien n'est durable que ce qui est légitime ; elle sait enfin que tous ceux qui ont voulu passer les limites de la liberté, aspiraient à la tyrannie ; que ceux qui ont eu la prétention de reformer nos lois, ne songeaient qu'à les détruire ; que tous ceux qui s'efforçaient de trouver des torts au gouvernement des Bourbons, avaient l'intention de les renverser, et de se mettre à leur place.

Le roi a refusé les constitutions qu'on lui proposait, pour nous conserver celle qu'il nous a donnée, et que nous avons juré de défendre ; il nous offre par là une garantie nouvelle de la fidélité de ses promesses ; il est intéressé à maintenir son ouvrage, et la qualité de législateur nous répond de la politique et des intentions du monarque. Tout le monde sait que Solon consentit à mourir pour faire vivre ses lois, tant il est glorieux d'être le législateur d'une nation ; mais cette gloire, la première de toutes, ne saurait être appréciée par la multitude. La gloire de Solon ne touche point cette foule de députés qu'on connaît à peine, qui se plaisent à défaire ce qu'ils ont fait, parmi lesquels personne ne répond de ses œuvres.

Toute la France se demande comment le roi va punir les factieux qui ont rappelé Bonaparte, qui ont renversé nos lois, désolé la patrie? Tous les coupables se sont fait connaître, tous les factieux qu'on avait oublié, tous ceux qui avaient joué un rôle sanglant dans la révolution, ont reparu autour du trône de Bonaparte, comme les principaux personnages d'un mélodrame reparaissent sur la scène au dénouement de la tragédie. S'ils ont proscrit dans leurs assemblées les amis du roi et le roi lui même, qu'ils se rassurent : on ne les jugera point d'après les lois qu'ils ont faites ; mais la France en pleurs demande que le génie de la révolte soit à jamais réprimé ; les ruines qui nous entourent, semblent prendre une voix pour accuser les complices de Bonaparte, et pour solliciter un grand exemple. Les français ont plus besoin que jamais d'un monarque, qui soit indulgent pour l'erreur, inflexible pour le crime, et qui sache pardonner et punir comme Henri IV.

FIN.

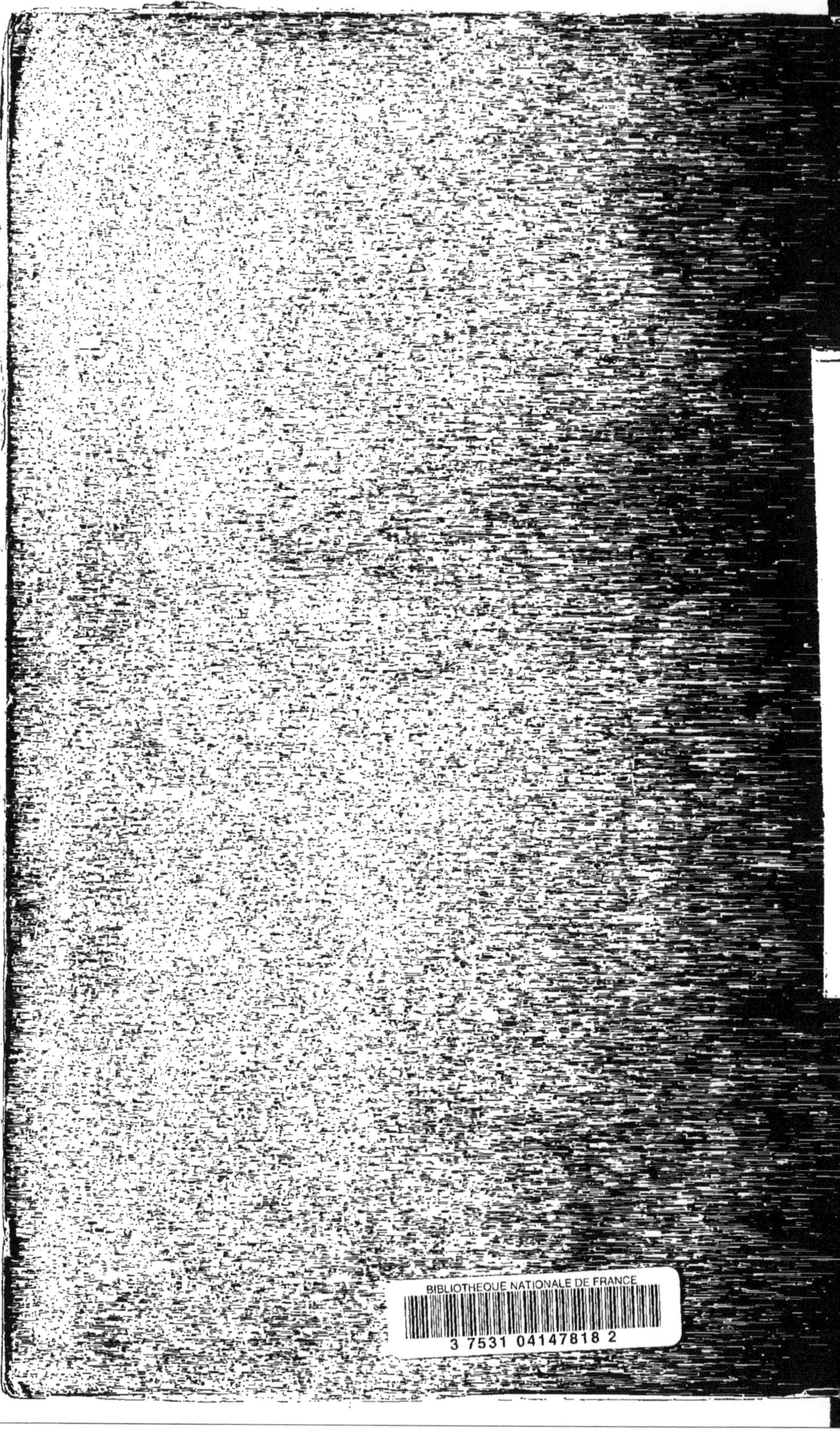
BIBLIOTHEQUE NATIONALE DE FRANCE
3 7531 04147818 2

www.ingramcontent.com/pod-product-compliance
Ingram Content Group UK Ltd.
Pitfield, Milton Keynes, MK11 3LW, UK
UKHW012106240726
13965UKWH00004B/1585